I0077151

ᵗR
19278

COLLÈGE DE GARÇONS DE BOULOGNE-SUR-MER

(Pensionnat au compte du Principal)

—————— ⊁◦⊰ ——————

COMPTE DES RECETTES & DÉPENSES

Pour l'Exercice 1902

—————— ⊁⊰ ——————

NUMÉROS D'ORDRE (série unique)	NUMÉROS des Articles du Budget	DÉSIGNATION DES CHAPITRES ET DES ARTICLES	SOMMES A RECOUVRER pour l'exercice 1902		RECETTES effectuées pour l'exercice 1902	RESTES à recouvrer ou 31 mars à reporter à l'exercice 1903	OBSERVATIONS
			Évaluations des budgets primitif et supplémentaire et des autorisations spéciales	Montant des produits d'après les titres et actes justificatifs, déduction faite des réductions non remboursables			
		CHAPITRE Iᵉʳ					
		RECETTES ORDINAIRES					
		SECTION I.					
		Recettes provenant des revenus propres du Collège.					
1	1	Arrérages de rentes et intérêts de capitaux....................	» »	» »	» »	» »	
2	2	Loyers et fermages............................	» »	» »	» »	» »	
3	3	Prix par fondations particulières....................	» »	» »	» »	» »	
4	4	Vente des produits récoltés dans les jardins et les propriétés du Collège (a)................	» »	» »	» »	» »	(a) La valeur des produits récoltés dans les jardins ou propriétés du Collège et vendus au Principal doit figurer à l'art. 6 ci-dessous.
		SECTION II.					
		Recettes provenant des versements du Principal					
5	5	Somme à verser par le Principal en vertu des traités passés par lui avec la Ville :					
		Part de la Ville dans le bénéfice du pensionnat............	» »	» »	» »	» »	
		Versements du Principal à la Ville à d'autres titres........	» »	» »	» »	» »	
		A reporter............	» »	» »	» »	» »	

NUMÉROS D'ORDRE (série unique)	NUMÉROS des Articles du Budget	DÉSIGNATION DES CHAPITRES ET DES ARTICLES	SOMMES A RECOUVRER pour l'exercice 1902		RECETTES effectuées pour l'exercice 1902	RESTES à recouvrer au 31 mars à reporter à l'exercice 1903	OBSERVATIONS
			Évaluations des budgets primitif et supplémentaire et des autorisations spéciales	Montant des produits d'après les titres et actes justificatifs déduction faite des réductions non remboursables			
		Reports.........	» »	» »	» »	» »	
		Remboursement par le Principal ou évaluation des produits, approvisionnements ou autres objets cédés par la Ville ou par le Collège pour le service du pensionnat au compte du Principal (bois, charbon, coke, eau, gaz, etc.).					
6	6	Remboursement..............................	» »	» »	» »	» »	
7	7	Évaluation	» »	» » »	» »	» »	
		SECTION III					
		Recettes provenant des bourses et de la rétribution collégiale.					
8	8	Boursiers nationaux.................	3.200 »	3.580 »	3.580 »	» »	
9	9	Bourses d'internat — Boursiers départementaux	» »	» »	» »	» »	
10	10	Boursiers communaux.......................	» »	» »	» »	» »	
11	11	Boursiers par fondations spéciales (Marine, Colonies, etc.) et particulières	» »	540 »	540 »	» »	Article 11............... » » » 50............. 540 »
12	12	Boursiers nationaux......	450 »	450 »	450 »	» »	
13	13	Bourses de demi-pensionnat — Boursiers départementaux	» »	» »	» »	» »	
14	14	Boursiers communaux	» »	» »	» »	» »	
15	15	Boursiers par fondations spéciales (Marine, Colonies, etc.) et particulières	» »	» »	» »	» »	
		A reporter.........	3.650 »	4.570 »	4.570 »	» »	

NUMÉROS D'ORDRE (série unique)	NUMÉROS des Articles du Budget	DÉSIGNATION DES CHAPITRES ET DES ARTICLES		SOMMES A RECOUVRER pour l'exercice 1902		RECETTES effectuées pour l'exercice 1902	RESTES à recouvrer au 31 mars à reporter à l'exercice 1903	OBSERVATIONS
				Évaluations des budgets primitif et supplémentaire et des autorisations spéciales	Montant des produits d'après les titres et actes justificatifs déduction faite des réductions non remboursables			
		Reports.............		3.650 »	4.570 »	4.570 »	» »	
16	16		Boursiers nationaux..............	» »	» »	» »	» »	
17	17		Boursiers départementaux...................	» »	» »	» »	» »	
18	18	External	Boursiers communaux..................	4.800 »	4.700 »	4.700 »	» »	
19	19	surveillé.	Boursiers par fondations spéciales (Marine, Colonies, etc.) et particulières	» »	» »	» »	» »	
20	20		Compléments à la charge des boursiers............	» »	» »	» »	» »	
21	21		Élèves non boursiers (1).....................	21.780 »	20.220 50	19.901 65	318 75	(1) DÉCOMPTE
22	22		Boursiers nationaux..................	100 »	70 »	70 »	» »	La part représentant les frais d'externat surveillé dans les sommes payées par les familles:
23	23		Boursiers départementaux	» »	» »	» »	» »	Pour les pensionnaires 12.415 »
24	24		Boursiers communaux..............	» »	» »	» »	» »	Pour les demi-pension-
25	25	Externes	Boursiers par fondations spéciales (Marine, Colonies, etc.) et particulières,.............	» »	» »	» »	» »	naires............... 3.155 » 4.690 40
26	26	simples.	Complément à la charge des boursiers............	» »	» »	» »	» »	Total... 20.220 40
27	27		Élèves d'institutions ou de pensions..............	» »	» »	» »	» »	
28	28		Externes libres....................	12.380 »	10.627 »	10.137 »	490 »	
29	29		par la Ville........	780 »	780 »	780 »	» »	
30	30	Remises, exemptions, réductions consenties aux familles sur les frais d'externat simple ou surveillé et remboursables	par le Département .	» »	» »	» »	» »	
31	31		par l'État (a)......	900 »	990 »	990 »	» »	(a) Les remises accordées aux familles et à inscrire en recette, au compte administratif du collège, ne portent que sur les frais d'externat simple.
32	32		par les particuliers..	» »	» »	» »	» »	
		A reporter..........		44.390 »	41.957 40	41.148 65	808 75	

NUMÉROS D'ORDRE (série unique)	NUMÉROS des Articles du Budget	DÉSIGNATION DES CHAPITRES ET DES ARTICLES	SOMMES A RECOUVRER pour l'exercice 1902		RECETTES effectuées pour l'exercice 1902	RESTES à recouvrer au 31 mars à reporter à l'exercice 1903	OBSERVATIONS
			Evaluations des budgets primitif et supplémentaire et des autorisations spéciales	Montant des produits d'après les titres et actes justificatifs déduction faite des réductions non remboursables			
		Reports..........	14.590 »	41.957 40	41.148 65	808 75	
		SECTION IV.					
		Recettes diverses.					
33	33	Frais de correspondance (externes simples et surveillés)..........					
34	34	Frais de bibliothèque (externes simples et surveillés).............	» »	» »	» »	» »	
35	35	Rembour-) Dégradations et objets perdus.......... sements (divers.)	» »	» »	» »	» »	
			» »	» »	» »	» »	
36	36	Vente d'objets divers ou hors d'usage......................					
		SECTION V.	» »	» »	» »	» »	
		Subvention pour dépenses ordinaires.					
37	37	Subvention du Département.....................					
		Subvention fixe prévue au traité constitutif et aux conventions ultérieures........ 12.500 »	» »	» »	» »	» »	
38	38	Subventions de l'État) Subvention variable pour compléments de traitements...................... 11.600 »					
		Subvention variable pour suppléances en cas de maladie.................... »	24.100 »	25.622 46	25.622 46	» »	Article 38............. 24.100 » » 54............. 1.400 26 ————— 25.500 26
		Subvention pour.... .... »					
		A reporter........					
			68.690 »	67.579 86	66.771 11	808 75	

NUMÉROS D'ORDRE (série unique)	NUMÉROS des Articles du Budget	DÉSIGNATION DES CHAPITRES ET DES ARTICLES		SOMMES A RECOUVRER pour l'exercice 1902		RECETTES effectuées pour l'exercice 1902	RESTES à recouvrer au 31 mars à reporter à l'exercice 1903	OBSERVATIONS
				Evaluations des budgets primitif et supplémentaire et des autorisations spéciales	Montant des produits d'après les titres et actes justificatifs déduction faite des réductions non remboursables			
			Reports........	68.600 »	67.570 86	66.771 11	808 75	
		Subvention fixe prévue au traité constitutif et aux conventions ultérieures........ 20.390 »						
39	39	Subventions communales. Subvention variable pour indemnités de résidence ou d'ancienneté allouées par la Ville à certains fonctionnaires du Collège 6.250 »		31.935 »	31.935 »	34.935 »	» »	
		Subvention complémentaire pour équilibrer les recettes et les dépenses......... » »						
		Subvention avec affectation spéciale..... 8.315 »						
			Total du Chapitre Ier........	103.645 »	102.531 86	101.726 11	808 75	

NUMÉROS D'ORDRE (série unique)	NUMÉROS des Articles du Budget	DÉSIGNATION DES CHAPITRES ET DES ARTICLES	SOMMES A RECOUVRER pour l'exercice 1902		RECETTES effectuées pour l'exercice 1902	RESTES à recouvrer au 31 mars à reporter à l'exercice 1903	OBSERVATIONS
			Evaluations des budgets prir-tilf et supplémentaire et des autorisations spéciales	Montant des produits d'après les titres et actes justificatifs déduction faite des réductions non remboursables			
		CHAPITRE II					
		RECETTES EXTRAORDINAIRES					
		Aliénation d'immeubles propres au Collège............	» »	» »	» »	» »	
		Aliénation de rentes ou de valeurs propres au Collège...........	» »	» »	» »	» »	
		Dons et legs..	» »	» »	» »	» »	
		Subvention du Département pour					
		Subvention de l'Etat pour					
		Subvention de la Ville pour grosses réparations...........	» »	» »	» »	» »	
		— — achat de cartes, modèles de dessin, etc.	» »	» »	» »	» »	
		— — — livres......................	» »	» »	» »	» »	
		— — — matériel scientifique..........	» »	» »	» »	» »	
40	40	— — — mobilier....................	1.800 »	1.800 »	1.800 »	» »	
		Total du Chapitre II.........	1.800 »	1.800 »	1.800 »	» »	

NUMÉROS D'ORDRE (série unique)	NUMÉROS des Articles du Budget	DÉSIGNATION DES CHAPITRES ET DES ARTICLES	SOMMES A RECOUVRER pour l'exercice 1902		RECETTES effectuées pour l'exercice 1902	RESTES à recouvrer au 31 mars à reporter à l'exercice 1903	OBSERVATIONS
			Évaluations des budgets primitif et supplémentaire et des autorisations spéciales	Montant des produits d'après les titres et actes justificatifs déduction faite des réductions non remboursables			
		CHAPITRE III					
		RECETTES SUPPLÉMENTAIRES					
		SECTION I					
		Reports					
41	41	§ 1er EXCÉDENT DE RECETTE DE L'EXERCICE PRÉCÉDENT (a)...... 338 84	» »	» »	» »	» »	(a) Pour mémoire.
		§ II RESTES A RECOUVRER DE L'EXERCICE PRÉCÉDENT.					
42	42	Boursiers nationaux, 1901 (art. 8).....................	900 »	900 »	900 »	» »	
43	43	Boursiers nationaux, 1901, (art. 12)	135 »	135 »	135 »	» »	
44	44	Élèves non-boursiers, 1901 (art. 21).................	449 25	449 25	396 75	52 50	
45	45	Boursiers nationaux, 1901, (art. 22)................	30 »	30 »	30 »	» »	
46	46	Externes libres, 1901 (art. 28)......................	717 »	717 »	476 »	241 »	
47	47	Externat surveillé: élèves non-boursiers, 1900 (art. 41)...........	113 09	» »	» »	» »	Décharge 113 09
48	48	Externat simple: élèves libres 1900, (art. 12)..................	232 »	132 »	32 »	100 »	» 100 »
		Total de la Section I § II	2.576 34	2.363 25	1.060 75	393 50	

NUMÉROS D'ORDRE (série unique)	NUMÉROS des Articles du Budget	DÉSIGNATION DES CHAPITRES ET DES ARTICLES	SOMMES A RECOUVRER pour l'exercice 1902		RECETTES effectuées pour l'exercice 1902	RESTES à recouvrer au 31 mars à reporter à l'exercice 1903	OBSERVATIONS
			Évaluations des budgets primitif et supplémentaire et des autorisations spéciales	Montant des produits d'après les titres et actes justificatifs déduction faite des réductions non remboursables			
		SECTION II *Recettes non prévues au Budget primitif.* § Ier. — Recettes autorisées par le Budget supplémentaire.					
49	49	Subvention extraordinaire de l'État pour acquisition de livres de bibliothèque, 1901 (corollaire en Dép. art. 21)................	200 »	200 »	200 »	» »	
50	50	Bourses d'Internat. Boursiers par fondations spéciales et particulières	540 »	» »	» »	» »	Rattaché à l'art. 11.
51	51	Subvention extraordinaire de l'État en faveur de la bibliothèque des élèves, 1901 (corollaire en Dép. art. 23)................	150 »	150 »	150 »	» »	
52	52	Subventions communales : supplément en 1901 pour l'entretien des bâtiments (corollaire en Dép. art. 24)................	897 64	897 64	897 64	» »	
53	53	Subvention de l'État pour suppléance en cas de maladie en 1902 (corollaire en Dép. art. 25)................	1.400 26	» »	» »	» »	Rattaché à l'art. 38.
		Total du § Ier,.........	3.187 90	1.247 64	1.247 64	» »	
		§ II. — Recettes par autorisations spéciales.					
54	53²	Subvention extraordinaire de l'État pour la Bibliothèque générale. Exercice 1902 (corollaire en Dép. art. 29)................	100 »	100 »	100 »	» »	Décision ministérielle notifiée le 23 février 1903.
		A reporter...........	100 »	100 »	100 »	» »	

NUMÉROS D'ORDRE (série unique)	NUMÉROS des Articles du Budget	DÉSIGNATION DES CHAPITRES ET DES ARTICLES	SOMMES A RECOUVRER pour l'exercice 1902		RECETTES effectuées pour l'exercice 1902	RESTÉS à recouvrer au 31 mars à reporter à l'exercice 1903	OBSERVATIONS
			Évaluations des budgets primitif et supplémentaire et des autorisations spéciales	Montant des produits d'après les titres et actes justificatifs déduction faite des réductions non remboursables			
		Reports..........	100 »	100 »	100 »	» »	
55	53ª	Subvention extraordinaire de l'Etat pour la bibliothèque des élèves. Exercice 1902 (corollaire en Dép. art. 20)..............	75 »	75 »	» »	75 »	Décision ministérielle notifiée le 23 février 1903.
		Total du § II........	175 »	175 »	100 »	75 »	
		Report du § Ier......	3.187 90	1.247 64	1.247 64	» »	
		Total de la Section II.........	3.362 90	1.422 64	1.347 64	75 »	

SECTION III

Augmentations sur les recettes déjà prévues au Budget primitif lorsque ces augmentations sont destinées à faire face à des dépenses nouvelles ou à des dépenses prévues mais insuffisamment dotées.

§ Ier. — Augmentations comprises dans le Budget supplémentaire.

Néant.

| | | Total du § Ier......... | » » | » » | » » | » » | |

NUMÉROS D'ORDRE (série unique).	NUMÉROS des Articles du Budget	DÉSIGNATION DES CHAPITRES ET DES ARTICLES	SOMMES A RECOUVRER pour l'exercice 1902		RECETTES effectuées pour l'exercice 1902	RESTES à recouvrer au 31 mars à reporter à l'exercice 1903	OBSERVATIONS
			Évaluations des budgets primitif et supplémentaire et des autorisations spéciales	Montant des produits d'après les titres et actes justificatifs déduction faite des réductions non remboursables			
		§ II. — Augmentations ayant fait l'objet d'autorisations spéciales.					
		Néant.					
		Total du § II.............	» »	» »	» »	» »	
		Report du § Ier.............	» »	» »	» »	» »	
		Total de la Section III......	» »	» »	» »	» »	
		Report de la Section I, § II .,	2.576 34	2.363 25	1.969 75	393 50	
		Report de la Section II	3.362 90	1.422 64	1.347 64	75 »	
		Total du Chapitre III........	5.939 24	3.785 89	3.317 39	468 50	
		Report du Chapitre Ier......	103.645 »	102.531 86	101.726 11	808 75	
		Report du Chapitre II.......	1.800 »	1.800 »	1.800 »	» »	
		Total des Recettes........ ..	111.384 24	108.120 75	106.843 50	1.277 25	

NUMÉROS D'ORDRE (série unique)	NUMÉROS des Articles du Budget	DÉSIGNATION DES CHAPITRES ET DES ARTICLES	CRÉDITS ouverts par le budget primitif par le budget additionnel et par les autorisations spéciales	DROITS constatés au profit des créanciers	PAYEMENTS effectués pour l'exercice 1902	RESTES à payer au 31 mars 1903 à reporter à l'exercice suivant	EXCÉDENTS des crédits sur les droits constatés annulés en fin d'exercice	DÉPENSES nettes de l'exercice 1902	OBSERVATIONS
		CHAPITRE Iᵉʳ —							
		DÉPENSES ORDINAIRES							
		SECTION I.							
		Dépenses du Collège (externat).							
		Personnel.							
		Traitements............................	52.600 »						
		Compléments de traitement à la charge de l'État......	11.600 »						
56	1	Indemnités de résidence ou d'ancienneté et suppléments de traitement à la charge de la Ville..............	6.250 »						Article 1....... 83.190 » / 25........... 1.400 26 / 84.590 26
		Indemnités diverses........................	10.650 »	83.190 »	84.548 14	84.048 14	(1) 500 »	42 12	84.548 14	(1) Crédit réservé.
		Gages et étrennes des gens de service..............	1.500 »						
		— — compléments à la charge de la Ville	590 »						
		A reporter...........	83.190 »	84.548 14	84.048 14	500 »	42 12	84.548 14	

NUMÉROS D'ORDRE (série unique)	NUMÉROS des Articles du Budget	DÉSIGNATION DES CHAPITRES ET DES ARTICLES	CRÉDITS ouverts par le budget primitif par le budget additionnels et par les autorisations spéciales	DROITS constatés au profit des créanciers	PAYEMENTS effectués pour l'exercice 1902	RESTES à payer au 31 mars 1903 à reporter à l'exercice suivant	EXCÉDENTS des crédits sur les droits constatés annulés en fin d'exercice	DÉPENSES nettes de l'exercice 1902	OBSERVATIONS
		Reports............	83.100 »	84.548 14	84.018 14	500 »	42 12	84.548 14	
		Matériel.							
57	2	Entretien et exploitation des propriétés du Collège...............	» »	» »	» »	» »	» »	» »	
58	3	Entretien des bâtiments.................... 3.500 »	3.500 »	3.500 »	3.500 »	» »	» »	3.500 »	
		Assurance contre l'incendie..................... » »							
59	4	Entretien du mobilier (mobilier scolaire des classes et des études, cabinet du principal, parloir, salle du bureau d'administration, etc).	1.200 »	1.200 »	1.200 »	» »	» »	1.200 »	
60	5	Entretien du mobilier scientifique et des collections { Bibliothèques............ Cartes, modèles de dessin, etc........ Matériel scientifique.................	500 »	500 »	500 »	» »	» »	500 »	
61	6	Chauffage de l'externat } abonnement......................	2.200 »	2.200 »	2.200 »	» »	» »	2.200 »	
62	7	Éclairage de l'externat }							
63	8	Frais de cours de science (abonnement).................	300 »	300 »	300 »	» »	» »	300 »	
64	9	Abonnements à des publications...............	» »	» »	» »	» »	» »	» »	
65	10	Frais de correspondance pour l'externat........ Menus frais (dépenses de l'externat)............ } abonnement... Impressions et frais de bureau (dépenses de l'externat)................................	200 »	200 »	200 »	» »	» »	200 »	
		A reporter........	91.090 »	92.448 14	91.948 14	500 »	42 12	92.448 14	

NUMÉROS D'ORDRE (série unique)	NUMÉROS des Articles du Budget	DÉSIGNATION DES CHAPITRES ET DES ARTICLES	CRÉDITS ouverts par le budget primitif, par le budget additionnel et par les autorisations spéciales	DROITS constatés au profit des créanciers	PAYEMENTS effectués pour l'exercice 1902	RESTES à payer au 31 mars 1903 à reporter à l'exercice suivant	EXCÉDENTS des crédits sur les droits constatés annulés en fin d'exercice	DÉPENSES nettes de l'exercice 1902	OBSERVATIONS
		Reports......	91.000 »	92.448 14	91.948 14	500 »	43 12	92.448 14	
66	11	Distribution des prix (abonnement)..............	1.200 »	1.200 »	1.200 »	» »	» »	1.200 »	
67	12	Prix par fondations particulières...............	» »	» »	» »	» »	» »	» »	
68	13	Dégradations et objets perdus................	» »	» »	» »	» »	» »	» »	
		SECTION II. *Dépenses du pensionnat payées par la Ville.*							
69	14	Sommes dues au Principal, par application de traités passés entre la Ville et ce fonctionnaire :							
		Subvention fixe............................. » »							
		Somme due à tout autre titre.................. 3.775 »	3.775 »	3.775 »	3.775 »	» »	» »	3.775 »	
70	15	Somme due au Principal pour la portion du prix des bourses d'internat et de demi-pensionnat excédant le montant des bourses d'externat.................	2.900 »	3.295 »	3.295 »	» »	10 »	3.295 »	
71	16	Frais du culte....................	450 »	450 »	450 »	» »	» »	450 »	
		SECTION III *Dépenses en nature.*							
72	17	Évaluation en argent des produits, approvisionnements ou autres objets cédés à titre gratuit, par la Ville ou par le Collège, au Principal pour le service du pensionnat au compte dudit Principal.	» »	» »	» »	» »	» »	» »	
		Total du Chapitre Iᵉʳ........	99 415 »	101.168 14	100.668 14	500 »	52 12	101.168 14	

Article 15............... 2.900
22............... 405
3.305

CHAPITRE II

DÉPENSES EXTRAORDINAIRES

NUMÉROS D'ORDRE (série unique)	NUMÉROS des Articles du Budget	DÉSIGNATION DES CHAPITRES ET DES ARTICLES	CRÉDITS ouverts par le budget primitif, par le budget additionnel et par les autorisations spéciales	DROITS constatés au profit des créanciers	PAYEMENTS effectués pour l'exercice 1902	RESTES à payer au 31 mars 1903 à reporter à l'exercice suivant	EXCÉDENTS des crédits sur les droits constatés annulés en fin d'exercice	DÉPENSES nettes de l'exercice 1902	OBSERVATIONS
		Constructions et grosses réparations............	» »	» »	» »	» »	» »	» »	
		Achats de terrains ou de bâtiments............	» »	» »	» »	» »	» »	» »	
		Achat de rentes ou valeurs mobilières....	» »	» »	» »	» »	» »	» »	
		Frais de procédure............	» »	» »	» »	» »	» »	» »	
73	18	Achat de mobilier............	1.800 »	1.799 56	1.799 56	» »	» 44	1.799 56	
		Acquisitions pour les collections scientifiques et littéraires :							
		Cartes, modèles de dessin, etc	» »	» »	» »	» »	» »	» »	
		Bibliothèques	» »	» »	» »	» »	» »	» »	
		Matériel scientifique......	» »	» »	» »	» »	» »	» »	
		Total du Chapitre II........	1.800 »	1.799 56	1.799 56	» »	» 44	1.799 56	

NUMÉROS D'ORDRE (série unique)	NUMÉROS des Articles du Budget	DÉSIGNATION DES CHAPITRES ET DES ARTICLES	CRÉDITS ouverts par le budget primitif, par le budget additionnel et par les autorisations spéciales	DROITS constatés au profit des créanciers	PAYEMENTS effectués pour l'exercice 1902	RESTES à payer au 31 mars 1903 à reporter à l'exercice suivant	EXCÉDENTS des crédits sur les droits constatés annulés en fin d'exercice	DÉPENSES nettes de l'exercice 1902	OBSERVATIONS
		CHAPITRE III **DÉPENSES SUPPLÉMENTAIRES** SECTION I *Reports.*							
74	19	§ Ier. — Excédent de dépenses de l'exercice précédent (a)	» »	» »	» »	» »	» »	» »	(a) Pour m'indre.
		§ II. — Restes à payer de l'exercice précédent. Néant.							
		Total du § II.......	» »	» »	» »	» »	» »	» »	
75	20	§ III. — Crédits réservés de l'exercice précédent. Emploi du boni sur les répétiteurs (art. 1; 1901..............	500 »	500 »	» »	500 »	» »	500 »	Crédit réservé.
		Total du § III.......	500 »	500 »	» »	500 »	» »	500 »	
		Report du § II.......	» »	» »	» »	» »	» »	» »	
		Total de la Section I..........	500 »	500 »	» »	500 »	» »	500 »	

NUMÉROS D'ORDRE (série unique)	NUMÉROS des Articles du Budget	DÉSIGNATION DES CHAPITRES ET DES ARTICLES	CRÉDITS ouverts par le budget primitif, par le budget additionnel et par les autorisations spéciales	DROITS constatés au profit des créanciers	PAYEMENTS effectués pour l'exercice 1902	RESTES à payer au 31 mars 1903 à reporter à l'exercice suivant	EXCÉDENTS des crédits sur les droits constatés annulés en fin d'exercice	DÉPENSES nettes de l'exercice 1902	OBSERVATIONS
		SECTION II.							
		Crédits supplémentaires pour dépenses nouvelles ou pour dépenses prévues au Budget primitif mais insuffisamment dotées.							
		§ Ier. Dépenses allouées pas le Budget supplémentaire.							
76	21	Emploi de la subvention extraordinaire de l'État pour acquisition de livres de bibliothèque. 1901. (Corollaire en R. art. 49)..........	200 »	200 »	200 »	» »	» »	200 »	
77	22	Sommes dues au Principal pour la portion des prix « es bourses d'internat et de demi-pensionnat excédant le montant 'es bourses d'externat : supplément en 1902.	105 »	» »	» »	» »	» »	» »	Rattaché à l'art. 15.
78	23	Emploi de la subvention extraordinaire de l'État en faveur de la bibliothèque des élèves. 1901. (Corollaire en R. art. 51)	150 »	150 »	150 »	» »	» »	150 »	
79	24	Entretien des bâtiments. Supplément en 1901. (Corollaire en R. art. 52).................	897 64	897 64	897 64	» »	» »	897 64	
80	25	Emploi de la subvention de l'État pour suppléance en cas de maladie en 1902. (Corollaire en R. art. 53).......................	1,400 26	» »	» »	» »	» »	» »	Rattaché à l'art. 1er.
81	26	Remboursement à la Ville sur sa subvention en 1901..............	323 75	323 75	323 75	» »	» »	323 75	
82	27	Remboursement à M. Lafoirez d'une fraction de rétribution collégiale.	20 »	20 »	20 »	» »	» »	20 »	
		Total du § Ier........	3,396 65	1,591 39	1,591 39	» »	» »	1,591 39	

NUMÉROS D'ORDRE (série unique)	NUMÉROS des Articles du Budget	DÉSIGNATION DES CHAPITRES ET DES ARTICLES	CRÉDITS ouverts par le budget primitif, par le budget additionnel et par les autorisations spéciales	DROITS constatés au profit des créanciers	PAYEMENTS effectués pour l'exercice 1902	RESTES à payer au 31 mars 1903 à reporter à l'exercice suivant	EXCÉDENTS des crédits sur les droits constatés annulés en fin d'exercice	DÉPENSES nettes de l'exercice 1902	OBSERVATIONS
		§ II. — Dépenses en vertu d'autorisations spéciales.							
83	28	Emploi de la subvention extraordinaire de l'Etat pour la bibliothèque générale. (Exercice 1902)............	100 »	100 »	100 »	» »	» »	100 »	Décision ministérielle notifiée le 23 février 1903.
84	29	Emploi de la subvention extraordinaire de l'Etat pour la bibliothèque des élèves. (Exercice 1902)............	75 »	75 »	75 »	» »	» »	75 »	id.
		Total du § II............	175 »	175 »	175 »	» »	» »	175 »	
		Report du § Ier............	3.396 65	1.591 39	1.591 39	» »	» »	1.591 39	
		Total de la section II............	3.571 65	1.766 39	1.766 39	» »	» »	1.766 39	
		Report de la section I, §§ II et III..	500 »	500 »	» »	500 »	» »	500 »	
		Total du Chapitre III........	4.071 65	2.266 39	1.766 39	500 »	» »	2.266 39	
		Report du Chapitre Ier.......	99.415 »	101.168 14	100.668 14	500 »	52 12	101.168 14	
		Report du Chapitre II.......	1.800 »	1.799 56	1.799 56	» »	» 44	1.799 56	
		Total des Dépenses.............	105.286 65	105.234 09	104.234 09	1.000 »	52 56	105.234 09	

RÉSULTAT DU COMPTE

DE L'EXERCICE 1902

RECETTES. . . . .   106·843 50

DÉPENSES. 101.234 00

EXCÉDENT { de recette 2.609 41

{ de dépense . . . .   » »

Certifié exact le présent compte d'administration rendu pour les recettes et les dépenses de l'exercice 1902.

Fait à Boulogne-sur-Mer, le 31 mars 1903.

Le Maire,

Ch. PÉRON.

MINISTÈRE DE L'INSTRUCTION PUBLIQUE

Académie de Lille

COLLÈGE DE GARÇONS

de la Ville de Boulogne-sur-Mer

CHAPITRES ADDITIONNELS

au Budget de 1903

OU

BUDGET SUPPLÉMENTAIRE

COLLÈGE DE GARÇONS DE BOULOGNE-S/MER

(Pensionnat au compte du Principal)

CHAPITRES ADDITIONNELS AU BUDGET DE 1903

ou Budget Supplémentaire

TITRE I. -- RECETTES.

ARTICLES	NATURE DES RECETTES	PROPOSITIONS du Bureau d'admi- nistration	SOMMES votées par le Con-eil municipal	CRÉDITS approuvés par le Ministre
	CHAPITRE III			
	Recettes Supplémentaires			
	SECTION I			
	Reports			
	§ I			
40	Excédent de l'exercice précédent 2,609 41 (1)	» »	» »	» »
41	Boni du Collège-externat (1901) 63 42 (2)	» »	» »	» »
	A reporter........	» »	» »	» »

(1) Pour ordre.
(2) Pour ordre.

ARTICLES	NATURE DES RECETTES	PROPOSITIONS du Bureau d'admi-nistration	SOMMES votées par le Conseil municipal	CRÉDITS approuvés par le Ministre
	Report.......	» »	» »	» »
	§ II			
	Restes à recouvrer de l'exercice précédent.			
42	Élèves non-boursiers 1902. (Art. 21)....	318 75	318 75	318 75
43	Externes libres 1902. (Art. 28)........	490 »	490 »	490 »
44	Élèves non-boursiers 1901. (Art. 44) ...	52 50	52 50	52 50
45	Élèves libres 1901. (Art. 46)..........	241 »	241 »	241 »
46	Élèves libres 1900. (Art. 48)..........	100 »	100 »	100 »
47	Subvention extraordinaire de l'Etat pour la bibliothèque des élèves en 1902. (Autorisation spéciale)...............	75 »	75 »	75 »
	Total de la Section I § II......	1.277 25	1 277 25	1.277 25
	SECTION II			
	Recettes non prévues au Budget primitif.			
48	Subvention de l'Etat pour suppléance en cas de maladie en 1903. (Corollaire en dépense art. 23).................	280 »	430 40	1.062 65
49	Subvention extraordinaire de l'Etat	» »	» »	9 50
	Total de la Section II......	280 »	430 40	1.072 05

ARTICLES	NATURE DES RECETTES	PROPOSITIONS du Bureau d'admi-nistration	SOMMES votées par le Conseil municipal	CRÉDITS approuvés par le Ministre
	SECTION III			
	Augmentations sur les recettes déjà prévues au Budget primitif, lorsque ces augmentations sont destinées à faire face à des dépenses nouvelles ou à des dépenses prévues mais insuffisamment dotées.			
	(Néant).			
	Total de la Section III......	» »	» »	» »
	RÉCAPITULATION DES RECETTES			
	Section I................	1.277 25	1.277 25	1.277 25
	Section II......	280 »	430 40	1.072 05
	Section III.............	» »	» »	» »
	TOTAL des Recettes supplémentaires..	1.557 25	1.707 65	2.349 30

ARTICLES	NATURE DES DÉPENSES	PROPOSITIONS du Bureau d'administration	SOMMES votées par le Conseil municipal	CRÉDITS approuvés par le Ministre
	CHAPITRE III			
	Dépenses Supplémentaires			
	SECTION I			
	Reports			
	§ I			
19	Excédent de l'exercice précédent (néant) (1)	» »	» »	» »
	§ II			
	Restes à payer de l'exercice précédent.			
	(Néant).			
	§ III			
	Crédits réservés de l'exercice précédent.			
20	Emploi du boni sur les répétiteurs 1902. (Art. 1)	500 »	500 »	500 »
21	Emploi du boni sur les répétiteurs 1901. (Art. 20)	500 »	500 »	500 »
	Total de la Section I § II et III	1.000 »	1.000 »	1.000 »

(1) Pour ordre.

ARTICLES	NATURE DES DÉPENSES	PROPOSITIONS du Bureau d'administration	SOMMES votées par le Conseil municipal	CRÉDITS approuvés par le Ministre
	SECTION II			
	Crédits supplémentaires pour dépenses nouvelles ou pour dépenses prévues au Budget primitif, mais insuffisamment dotées.			
22	Remboursement à la Ville sur sa subvention en 1901. (Complémt de gages).	386 25	386 25	386 25
23	Emploi de la subvention de l'Etat pour suppléance en cas de maladie en 1903. (Corollaire en recette, art. 48)	280 »	430 40	1.062 53
24	Reversement sur la subvention de l'Etat pour suppléances en cas de maladie	» »	15 04	15 04
25	Versement au Principal du solde des bourses d'internat et de 1/2 pensionnat en 1902	» »	» »	180 »
26	Reversement à la Ville d'une somme versée en trop en 1902 pour achat de mobilier	» »	» »	» 44
27	Reversement au Trésor	» »	» »	9 50
	Total de la Section II	666 25	831 69	1.653 78

ARTICLES	NATURE DES DÉPENSES	PROPOSITIONS du Bureau d'administration	SOMMES votées par le Conseil municipal	CRÉDITS approuvés par le Ministre
	RÉCAPITULATION DES DÉPENSES			
	Section I § II et III.......	1.000 »	1.000 »	1.000 »
	Section II................	666 25	831 69	1.653 78
	TOTAL général des Dépenses......	1.666 25	1.831 69	2.653 78
	RÉCAPITULATION GÉNÉRALE			
	RECETTES SUPPLÉMENTAIRES......	1.857 25	1.707 65	2.349 30
	DÉPENSES SUPPLÉMENTAIRES	1.666 25	1.831 69	2.653 78
	EXCÉDENT ... { de Recettes.......	» »	» »	» »
	{ (1) de Dépenses......	199 »	124 04	304 48

(1) L'exédent de dépenses est couvert par l'excédent de recettes du Budget primitif.

APPROBATION DU MINISTRE

Le Ministre de l'Instruction publique et des Beaux-Arts,

Vu l'article 74 de la loi du 15 mars 1850, le décret du 7 janvier et le règlement ministériel du 4 mai 1899 ;

Vu le budget primitif du Collège de garçons de la ville de Boulogne-sur-Mer pour l'exercice 1903 :

Vu les propositions du bureau d'administration en date du 21 juillet 1903 ;

Vu la délibération du Conseil municipal de la ville de Boulogne-sur-Mer en date du 23 novembre 1903 ;

Vu le rapport du Préfet du département du Pas-de-Calais en date du 19 décembre 1903 et l'avis du Recteur de l'Académie de Lille en date du 30 décembre 1903 ;

ARRÊTE :

Le Budget supplémentaire du Collège de la ville de Boulogne-sur-Mer pour l'exercice 1903 est fixé :

En recette, à la somme de................ 2.349 30
En dépense, à la somme de.. .... 2.653 78

Fait à Paris, le 1er février 1904.

Le Ministre de l'Instruction publique
et des Beaux-Arts,

J. CHAUMIÉ.

Pour ampliation :

Le Conseiller d'État,
Directeur de l'Enseignement secondaire,

ILLISIBLE.

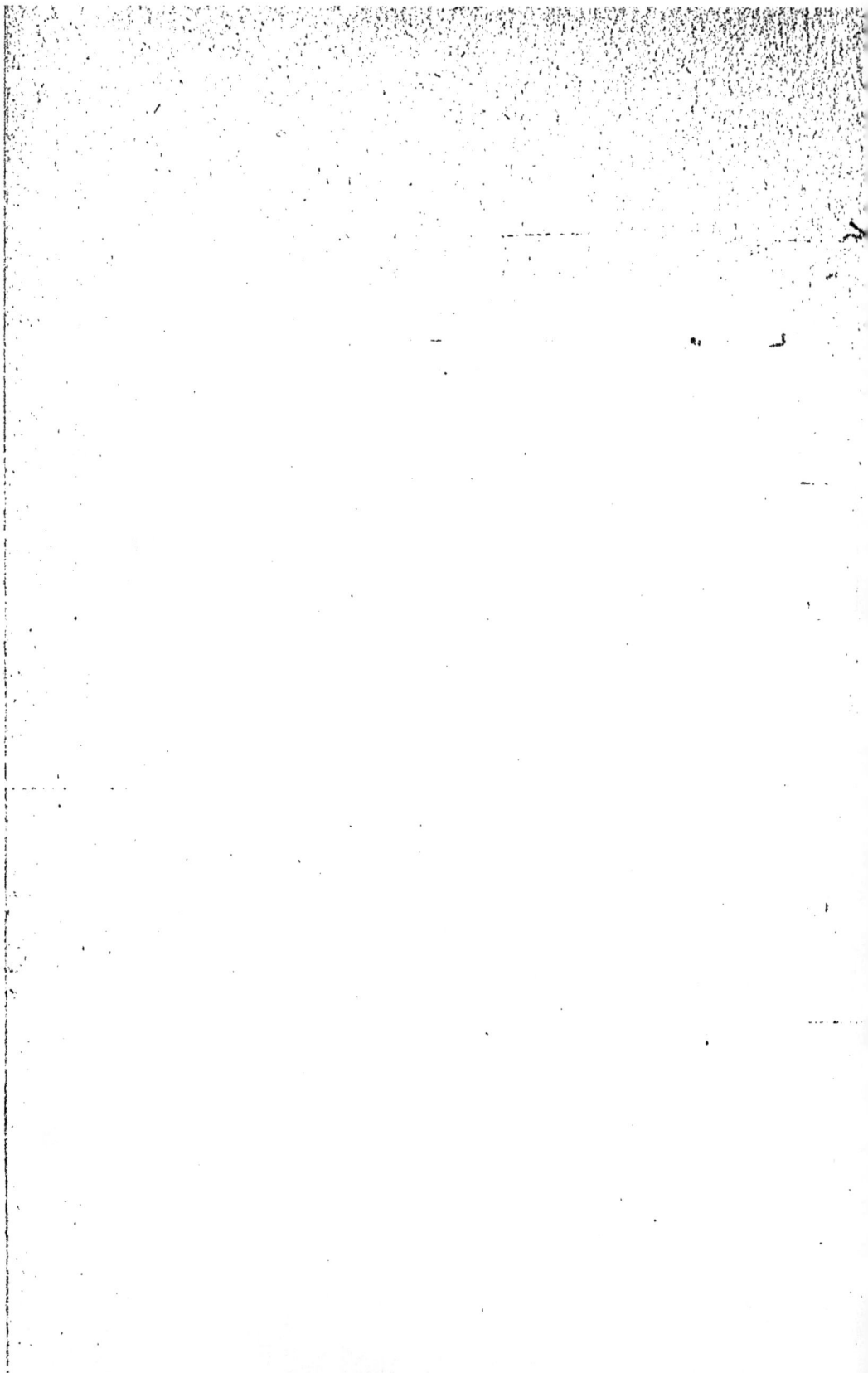

MINISTÈRE DE L'INSTRUCTION PUBLIQUE

Académie de Lille

COLLÈGE DE GARÇONS

de la Ville de Boulogne-sur-Mer

BUDGET

des

Recettes et des Dépenses

POUR L'EXERCICE 1904

NUMÉROS DES ARTICLES	NATURE DES RECETTES	RECETTES constatées au compte administratif de l'exercice 1902.	RECETTES inscrites au budget de l'exercice 1903.	Propositions du bureau d'administration.	SOMMES votées par le conseil municipal.	CRÉDITS approuvés par le Ministre.	OBSERVATIONS
	CHAPITRE Iᵉʳ						
	RECETTES ORDINAIRES						
	SECTION I						
	Recettes provenant des revenus propres du Collège.						
1	Arrérages de rentes et intérêts de capitaux.....................	» »	» »	» »	» »	» »	
2	Loyers et fermages	» »	» »	» »	» »	» »	
3	Prix par fondations particulières.........................	» »	» »	» »	» »	» »	
4	Vente des produits récoltés dans les jardins et les propriétés du Collège (a)	» »	» »	» »	» »	» »	(a) La valeur des produits récoltés dans les jardins ou propriétés du Collège de garçons et vendus au Principal doit figurer à l'art. 6 ci-dessous.
	SECTION II						
	Recettes provenant des versements du Principal.						
5	Somme à verser par le Principal en vertu des traités passés par lui avec la Ville :						
	Part de la Ville dans les bénéfices du pensionnat						
	Versements du Principal à la Ville à d'autres titres..........	» »	» »	» »	» »	» »	
	Remboursement par le Principal ou évaluation des produits, approvisionnements ou autres objets cédés par la Ville ou par le Collège pour le service du pensionnat au compte du Principal (bois, charbon, coke, eau, gaz, etc.).						
6	Remboursement...	» »	» »	» »	» »	» »	
7	Évaluation...	» »	» »	» »	» »	» »	
	A reporter..........	» »	» »	» »	» »	» »	

NUMÉROS DES ARTICLES	NATURE DES RECETTES		RECETTES constatées au compte administratif de l'exercice 1902.	RECETTES inscrites au budget de l'exercice 1903.	Propositions du bureau d'administration.	SOMMES votées par le Conseil municipal.	CRÉDITS approuvés par le Ministre.	OBSERVATIONS
		Reports..........	» »	» »	» »	» »	» »	
	SECTION III							
	Recettes provenant des bourses et de la rétribution collégiale.							
8		Boursiers nationaux	3.580 »	4.000 »	3.200 »	3.200 »	3.200 »	3 à 800, 1 à 600, 1 à 200 = 5 élèves.
9	Bourses	Boursiers départementaux............	» »	» »	» »	» »	» »	
10	d'internat.	Boursiers communaux	» »	» »	» »	» »	» »	
11		Boursiers par fondations spéciales (Marine, Colonies, etc.) et particulières	540 »	600 »	600 »	600 »	600 »	1 à 600.
12		Boursiers nationaux	450 »	450 »	450 »	450 »	450 »	1 à 450.
13	Bourses	Boursiers départementaux......	» »	» »	» »	» »	» »	
14	de demi-	Boursiers communaux	» »	» »	» »	» »	» »	
15	pensionnat.	Boursiers par fondations spéciales (Marine, Colonies, etc.) et particulières	» »	» »	» »	» »	» »	
16		Boursiers nationaux	» »	» »	» »	» »	» »	
17		Boursiers départementaux	» »	» »	» »	» »	» »	
18	Externat	Boursiers communaux..............	4.700 »	4.800 »	4.800 »	4.800 »	4.800 »	32 à 150.
19	surveillé.	Boursiers par fondations spéciales (Marine, Colonies, etc.) et particulières	» »	» »	» »	» »	» »	(b) DÉCOMPTE : Part représentant les frais d'externat surveillé dans les sommes payées par les familles :
20		Compléments à la charge des boursiers...	» »	» »	» »	» »	» »	P^r les pensionn^res 10.870 »
21		Élèves non boursiers (b)	20.220 40	19.320 »	18.590 »	18.590 »	18.590 »	P^r les demi-pensionnaires.... 2.940 » Ext^res surveillés. 4.780 » ——————— Total... 18.590 »
		A reporter.........	29.490 40	29.170 »	27.640 »	27.640 »	27.640 »	117 à 150, 8 à 130 = 125 élèves.

NUMÉROS DES ARTICLES	NATURE DES RECETTES		RECETTES constatées au compte admi-nistratif de l'exercice 1902.	RECETTES inscrites au budget de l'exercice 1903.	Propositions du bureau d'adminis-tration.	SOMMES votées par le Conseil municipal.	CRÉDITS approuvés par le Ministre.	OBSERVATIONS
		Reports........	29.400 40	29.170 »	27.640 »	27.640 »	27.640 »	
22		Boursiers nationaux...............	70 »	100 »	» »	» »	» »	
23		Boursiers départementaux...........	» »	» »	» »	» »	» »	
24		Boursiers communaux...........	» »	» »	» »	» »	» »	
25	Externat simple.	Boursiers par fondations spéciales, Marine, Colonies, etc.) et particulières..	» »	» »	» »	» »	» »	
26		Compléments à la charge des boursiers........	» »	» »	» »	» »	» »	
27		Élèves d'institutions ou de pensions..........	» »	» »	» »	» »	» »	
28		Externes libres	» »	» »	» »	» »	» »	
29		par la Ville......	10.627 »	12.520 »	11.840 »	11.840 »	11.840 »	39 à 80, 107 à 100 = 146 élèves.
30	Remises, exemptions, réductions consenties aux familles sur les frais d'externat simple ou surveillé et remboursables	par le Département .	780 »	780 »	780 »	780 »	780 »	7 à 100, 1 à 80.
31		par l'État (c)......	» »	» »	» »	» »	» »	
32		par les particuliers,.	900 »	900 »	1.200 »	1.200 »	1.200 »	(c) Les remises accordées aux familles par l'État et à inscrire en recette au budget du Collège ne portent que sur les frais d'externat simple.
			» »	» »	» »	» »	» »	12 à 100.
	SECTION IV							
	Recettes diverses.							
33	Frais de correspondance (externes simples et surveillés)...........		» »	» »	» »	» »	» »	
34	Frais de bibliothèque (externes simples et surveillés)...........		» »	» »	» »	» »	» »	
35	Rembour- sements divers.	Dégradations et objets perdus..........	» »	» »	» »	» »	» »	
		A reporter........	41.957 40	43.470 »	41.460 »	41.460 »	41.460 »	

NUMÉROS DES ARTICLES	NATURE DES RECETTES	RECETTES constatées au compte administratif de l'exercice 1902.	RECETTES inscrites au budget de l'exercice 1903.	Propositions du bureau d'administration.	SOMMES votées par le conseil municipal.	CRÉDITS approuvés par le Ministre.	OBSERVATIONS
	Reports........	41.957 40	43.470 »	41.460 »	41.460 »	41.460 »	
36	Vente d'objets divers ou hors d'usage........................	» »	» »	» »	» »	» »	
	SECTION V						
	Subventions pour dépenses ordinaires.						
	Subvention du département........................						
37	Subvention fixe prévue au traité constitutif et aux conventions ultérieures........ 12.500 »						
	Subventions de l'État. Subvention variable pour compléments de traitement....................... 12.300 »	25.622 46	24.700 »	24.800 »	24.800 »	24.800 »	
	Subvention variable pour suppléances en cas de maladie...................... »						
	Subvention pour .... »						
38	Subvention fixe prévue au traité constitutif et aux conventions ultérieures........ 20.300 »						
	Subventions communales. Subvention variable pour indemnités de résidence ou d'ancienneté allouées par la Ville aux fonctionnaires du Collège .... 5.850 »	34.955 »	34.830 »	34.030 »	34.080 »	34.080 »	(1) Compléments de gages...... 590 » Bâtiments...... 3.500 » Prime au Principal........ 3.300 » Frais de culte. 450 » ——— 7.840 »
	Subvention avec affectation spéciale...... 7.810 »						
	Subvention complémentaire pour équilibrer les recettes et les dépenses...... »						
	Total du Chapitre Ier.......	102.534 86	103.000 »	100.292 »	100.340 »	100.340 »	

NUMÉROS DES ARTICLES	NATURE DES RECETTES	RECETTES constatées au compte administratif de l'exercice 1902.	RECETTES inscrites au budget de l'exercice 1903.	Propositions du bureau d'administration.	SOMMES votées par le Conseil municipal.	CRÉDITS approuvés par le Ministre.	OBSERVATIONS
	CHAPITRE II						
	RECETTES EXTRAORDINAIRES						
	Aliénation d'immeubles propres au Collège.............	» »	» »	» »	» »	» »	
	Aliénation de rentes ou valeurs propres au Collège	» »	» »	» »	» »	» »	
	Dons et legs..	» »	» »	» »	» »	» »	
	Subvention du Département pour						
	Subvention de l'État pour						
	Subvention de la Ville pour grosses réparations	» »	» »	» »	» »	» »	
	— — achat de cartes, modèles de dessin, etc.	» »	» »	» »	» »	» »	
	— — — de livres....................	» »	» »	» »	» »	» »	
	— — — matériel scientifique...........	» »	» »	» »	» »	» »	
39	— — — mobilier et entretien...........	1.800 »	600 »	600 »	600 »	600 »	
	Total du Chapitre II............	1.800 »	600 »	600 »	600 »	600 »	
	Report du Chapitre Ier	102.534 88	103.000 »	100.290 »	100.340 »	100.340 »	
	Total général des Recettes.....	104.334 88	103.600 »	100.890 »	100.940 »	100.940 »	

NUMÉROS DES ARTICLES	NATURE DES DÉPENSES	DÉPENSES constatées au compte administratif de l'exercice 1902.	DÉPENSES inscrites au budget de l'exercice 1903.	Propositions du bureau d'administration.	SOMMES votées par le Conseil municipal.	CRÉDITS approuvés par le Ministre.	OBSERVATIONS
	CHAPITRE Ier						
	DÉPENSES ORDINAIRES						
	SECTION I						
	Dépenses du Collège (externat)						
	Personnel.						
	Traitement .... 51.300 »						
	Compléments de traitement à la charge de l'État ...... 12.300 »						
	Indemnités de résidence ou d'ancienneté et suppléments de traitements à la charge de la Ville .... 5.850 »						
1	Indemnités diverses .... 11.850 »	84.548 14	83.990 »	83.390 »	83.390 »	83.390 »	
	Gages et étrennes des gens de service.... 1.500 »						
	— — (compléments à la charge de la Ville .... 500 ») 2.000 »						
	Matériel.						
2	Entretien et exploitation des propriétés du Collège................	» »	» »	» »	» »	» »	
3	Entretien des bâtiments et du mobilier général .... 3.500 »	3.500 »	3.500 »	3.500 »	3.500 »	3.500 »	
	Assurance contre l'incendie........................ »						
	À reporter..........	88.048 14	87.490 »	86.890 »	86.890 »	86.890 »	

NUMÉROS DES ARTICLES	NATURE DES DÉPENSES	DÉPENSES constatées au compte administratif de l'exercice 1902.	DÉPENSES inscrites au budget de l'exercice 1903.	Propositions du bureau d'administration.	SOMMES votées par le conseil municipal.	CRÉDITS approuvés par le Ministre.	OBSERVATIONS
	Reports..........	84.048 14	87.490 »	86.890 »	86.800 »	86.890 »	
4	Entretien du mobilier (mobilier scolaire des classes et des études, cabinet du Principal, parloir, salle du Bureau d'administration, etc).	1.200 »	1.200 »	1.200 »	1.200 »	1.200 »	
5	Entretien du matériel scientifique et des collections { Bibliothèques....................... / Cartes, modèles de dessin, etc....... / Matériel scientifique	500 »	500 »	500 »	500 »	500 »	
		2.200 »	2.200 »	2.200 »	2.200 »	2.200 »	
6	Chauffage et éclairage de l'externat (abonnement).................	» »	» »	» »	» »	» »	
7	Éclairage de l'externat	300 »	300 »	300 »	300 »	300 »	
8	Frais de cours de sciences (abonnement)...................	» »	» »	» »	» »	» »	
9	Abonnements à des publications...............						
10	Frais de correspondance pour l'externat............. / Menus frais (dépenses de l'externat).............. } abonnement / Impressions et frais de bureau (dépenses de l'externat)	200 »	200 »	200 »	200 »	200 »	
11	Distribution des prix (abonnement).................	1.200 »	1.200 »	1.200 »	1.200 »	1.200 »	
12	Prix par fondations particulières,....................	» »	» »	» »	» »	» »	
13	Dégradations et objets perdus.................	» »	» »	» »	» »	» »	
	A reporter..........	93.648 14	93.090 »	92.490 »	92.490 »	92.490 »	

NUMÉROS DES ARTICLES	NATURE DES DÉPENSES	DÉPENSES inscrites au compte définitif de l'exercice 1902.	DÉPENSES inscrites au budget de l'exercice 1903.	Propositions du bureau d'administration.	SOMMES votées par le conseil municipal.	CRÉDITS approuvés par le Ministre.	OBSERVATIONS
	Reports..........	93.648 14	93.090 »	92.490 »	92.490 »	92.490 »	
	SECTION II						
	Dépenses du pensionnat payées par la Ville.						
14	Sommes dues au Principal, par application des traités passés entre la Ville et ce fonctionnaire :						
	Subvention fixe...................... »						
	Somme due à tout autre titre......... 3.250 »	3.775 »	3.490 »	3.250 »	3.300 »	3.300 »	(1) Prime de fr. 25 » par élève pensionnaire et externe surveillé payant (art. 3 du traité) :
15	Somme due au Principal pour la portion du prix des bourses d'internat et de demi-pensionnat excédant le montant des bourses d'externat.....................................	3.295 »	3.850 »	3.200 »	3.200 »	3.200 »	130 à 25 » = 3.250 »
16	Frais du culte catholique (abonnement).....................	450 »	450 »	450 »	450 »	450 »	(Art. 8, 11, 12 et 21 des Recettes).
	SECTION III						
	Dépenses en nature.						
	Évaluation en argent des produits, approvisionnements ou autres objets cédés à titre gratuit, par la Ville ou par le Collège, au Principal, pour le service du pensionnat au compte dudit Principal.	» »	» »	» »	» »	» »	
	Total du Chapitre Ier..........	101.168 14	100.840 »	99.390 »	99.440 »	99.440 »	

NUMÉROS DES ARTICLES	NATURE DES DÉPENSES	IF	DÉPENSES (inscrites au budget de l'exercice 1900)	Propositions du bureau d'administration	SOMMES votées par le Conseil municipal	CRÉDITS approuvés par le Ministre	OBSERVATIONS
	CHAPITRE II						
	DÉPENSES EXTRAORDINAIRES						
	Constructions et grosses réparations............		» »	» »	» »	» »	» »	
	Achat de terrains ou de bâtiments............		» »	» »	» »	» »	» »	
	Achat de rentes ou valeurs mobilières........		» »	» »	» »	» »	» »	
	Frais de procédure............		» »	» »	» »	» »	» »	
17	Achat de mobilier et entretien........	1.799 56	600 »	600 »	600 »	600 »	
	Acquisitions pour les collections scientifiques et littéraires :						
	Cartes, modèles de dessin, etc...........		» »	» »	» »	» »	» »	
	Bibliothèques............		» »	» »	» »	» »	» »	
	Matériel scientifique............		» »	» »	» »	» »	» »	
	Total du Chapitre II...........	1.799 56	600 »	600 »	600 »	600 »	
	Report du Chapitre 1er........	101.168 14	100.840 »	99.300 »	99 410 »	99.410 »	
	Total général des Dépenses.....	102.967 70	101.440 »	99.900 »	100.010 »	100.010 »	

P O B O

LE MINISTRE DE L'INSTRUCTION P QUE ES

Vu l'article 74 de la loi du 15 mars 1850 ;
Vu le décret du 7 janvier 1809 ;
Vu le règlement en date du 4 mai 1899 ;
Vu le traité en date du 29 juillet 1901 intervenu entre l'Etat et la Ville de Boulogne-sur-Mer ;
Vu les propositions du bureau d'administration du Collège communal de garçons de cette ville en date du 21 juillet 1903 ;
Vu la délibération du Conseil municipal en date du 25 novembre 1903, votant pour l'exercice 1904 :

1o Les recettes présumées du Collège de garçons de ladite Ville à la somme de 100,940 francs ;
2o Les dépenses présumées à la somme de 100,040 francs ;
3o La subvention de la Ville à la somme de 34.080 francs ;

Vu le rapport du Préfet du département du Pas-de-Calais en date du 19 décembre 1903,
Vu l'avis du Recteur de l'Académie de Lille en date du 30 décembre 1903 ;

ARRÊTE :

Le Budget du Collège communal de garçons de la ville de Boulogne est fixé pour l'exercice 1904 :

En recette, à la somme de 100,940 fr. dont 600 de recette extraordinaire.
En dépense, à la somme de 100,040 fr. dont 600 de dépense extraordinaire.
La subvention à fournir par la Ville sera de 34,680 fr. dont 600 de subvention extraordinaire.

Fait à Paris, le 9 janvier 1904.

Le Ministre de l'Instruction publique
et des Beaux-Arts,

J. CHAUMIÉ.

Pour ampliation :

Le Conseiller d'État,
Directeur de l'Enseignement secondaire,

ILLISIBLE.

www.ingramcontent.com/pod-product-compliance
Lightning Source LLC
Chambersburg PA
CBHW060503210326
41520CB00015B/4078